PROFIL POLITIQUE

DI M.

GUIZOT.

SOCIÉTÉ TYPOGRAPHIQUE,

E. DESOYE, VALERY et Cᵉ IMPRIMEURS.

PARIS, 32, RUE DE SEINE.

PROFIL POLITIQUE

DE

M. GUIZOT

PAR

SATAN

RÉFUTATION DU LIVRE
DE LA DÉMOCRATIE EN FRANCE.

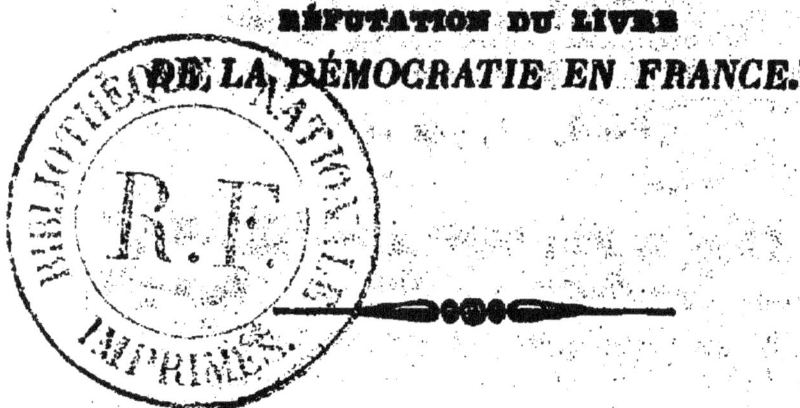

PARIS

GEORGES DAIRNVÆLL, ÉDITEUR,

15, RUE DE SEINE.

1849

PROFIL POLITIQUE

DE M.

GUIZOT.

———

Etes-vous bien sûr qu'il y ait eu les 22, 23 et 24 février 1848 une révolution triomphante et par suite la proclamation d'une République?

Ne faites-vous pas erreur? n'est-ce pas de la Révolution de 1830 que vous voulez parler? Sauf l'absence de Louis-Philippe, que voyez-vous de changé?

N'est-il pas vrai, comme l'a fait écrire l'empereur Nicolas dans le journal de *Varsovie*, que « après une émeute insignifiante, le roi Louis-Philippe s'est retiré pour *cause de santé* en Angleterre, laissant le gouvernement à M. Odilon Barrot, sous la surveillance de MM. Thiers et Molé? »

MM. de Montalembert et de Falloux, Dupin et Bugeaud ne sont-ils pas à la tête des affaires? MM. Duchâtel, Guizot, Dumon ne vont-ils pas briguer la députation, et les départements ne vont-ils pas se disputer l'honneur de les envoyer à la Chambre? — Vous le voyez donc bien, la Révolution de Février n'a jamais existé.

S'il en était autrement, que faudrait-il penser de l'audace de certains hommes, du cynisme de certains écrits? Quoi! il serait vrai que la République aurait été proclamée le 25 février à la face du peuple, par les membres du Gouvernement provisoire, proclamée encore le 4 mai par l'Assemblée nationale! Et des hommes odieux à la nation prétendraient encore occuper les premières places du Gouvernement!

Il est donc bien loin ce jour où un ministère corrupteur et violateur des lois tomba dans le sang du peuple, entraînant avec lui une jeune et nombreuse dynastie dont le chef, vieillard opiniâtre et sceptique, fut victime de l'homme qui lui avait dit en 1839 : *Sire, je puis seul vous sauver.* Cet homme, c'était M. Guizot !

Plus heureux qu'Icare, M. Guizot a pu tomber et perdre presque aussitôt le souvenir de sa chute ; à peine est-il sorti de l'abîme où sa détestable politique aurait pu précipiter le monde, qu'il s'érige en mentor de la société nouvelle. *Il a eu l'honneur, dit-il, d'être ministre pendant onze ans, sous le règne de la fiction constitutionnelle.* Conducteur maladroit, il a fait briser le char de l'Etat contre les pavés de la guerre civile. Il a tué en France la monarchie constitutionnelle ; confiez-lui bien vite l'avenir de la République, M. Guizot a besoin de continuer ses études gouvernementales.

Pourquoi M. Guizot ne se contente-t-il pas d'être un admirable écrivain ? Pourquoi veut-il rester homme politique ? homme d'Etat ? Richelieu à l'envers, il a la manie du pouvoir, comme le grand ministre avait celle de faire des tragédies ; mais Richelieu était plus excusable, car on sifflait *Mirame* et tout était dit, tandis que la manie de M. Guizot a fait couler le sang le plus généreux du peuple et pourrait rouvrir l'ère révolutionnaire s'il y avait encore en France des gens assez aveugles pour ne pas voir qu'il est des hommes dont le nom résume les œuvres et qui sont à la fois les drapeaux et les torches des partis.

La destinée de M. Guizot était de vivre avec les morts, de scruter savamment les poussières historiques de nos rois et de nos preux chevaliers, de juger la féodalité et le moyen-âge, d'apporter la lumière dans les ténèbres de notre histoire. Mais M. Guizot est étranger à l'empire des vivants. Il ignore l'état de la France nouvelle, l'esprit national lui est antipathique, et il déteste autant la noblesse que les classes laborieuses. D'où lui vient cette haine? Certains écrivains ont cru devoir l'attribuer à sa qualité de protestant qui l'avait placé dès son enfance sous le coup de l'édit de Nantes, et à la mort de son père sur l'échafaud révolutionnaire. Entre l'édit de Nantes et la terreur, M. Guizot a vu deux choses, les peuples des temps modernes et les rois de l'ancienne monarchie ; sa haine a donc été pour les Bourbons et pour le peuple, cette haine a sommeillé longtemps à l'égard des rois, elle a toujours été ardente contre le peuple et les principes de la Révolution.

Jusqu'à ce jour M. Guizot, mesurant sa force à son orgueil, avait pensé qu'il lui suffisait d'être, d'étendre le bras et d'élever la voix pour arrêter le flot toujours montant de la démocratie. Insensé qui avait nié la loi éternelle du progrès et qui croyait pouvoir l'arrêter dans sa marche comme Josué arrêta le soleil!

À la France oublieuse et loyale, disons la vie de cet homme. Exposons ses actes, et si, après nous avoir lu, l'honnête homme persiste à demander encore à M. Guizot une *leçon de gouvernement*, nous courberons tristement la tête en désespérant du salut d'un peuple qui passe de la proscription à l'apothéose et ne donne le plus souvent ses votes qu'à des charlatans et à des rhéteurs.

M. Guizot a commencé péniblement une carrière qui aurait été si glorieuse s'il ne s'était jamais mêlé à la politique. Pauvre et dédaigné, il avait la conscience de ce qu'il valait, et son légitime orgueil fit que bien souvent les éditeurs refusèrent ses ouvrages. On ne sait ce qu'il serait devenu sans la généreuse assistance du biographe Michaud, qui lui commandait des articles et le recevait à sa table. Les premiers écrits de M. Guizot révélèrent l'esprit de méthode et de précision qui distingue son talent.

En 1812 M. de Fontanes l'attacha à l'Université en le nommant suppléant de la chaire d'histoire à la faculté des lettres. Peu de temps après, M. Guizot arriva à la possession complète de cette chaire. Comme beaucoup de penseurs de cette époque, M. Guizot était légitimiste. En 1814 il débuta dans la carrière publique comme secrétaire général de l'abbé de Montesquiou, ministre de l'intérieur. Si le professeur avait émis des idées libérales, l'homme d'Etat débuta par la rédaction de la loi de censure, et ne rougit pas d'accepter à côté de M. Frayssinous le poste de CENSEUR ROYAL ; bien plus, il conçut le projet de restitution des biens du clergé, et c'est de lui que vinrent les menaces dirigées contre les possesseurs des biens nationaux. Le débarquement de Napoléon ayant renvoyé Louis XVIII à Gand, M. Guizot signa l'acte additionnel et voulut plus tard dissimuler sa signature sous un placard d'encre lorsqu'il fut destitué par Carnot.

Après la déclaration du 13 mars et celle du 25 qui renouvelait les stipulations du traité de Chaumont, il était évident que Napoléon allait succomber. M. Guizot alla porter à Gand les conseils que les royalistes constitutionnels envoyaient à Louis XVIII. Voyons ce que dit ce prince du prétendu libéral et de ses prétendus conseils : — « Ils ne le connaissent pas comme moi ; ses idées sont au fond tournées au despotisme, et si jamais il peut arriver, je conseille à tout ce qu'on appelle *liberté*, *progrès*, *de se bien garder de lui* ; *je sais ce qu'il m'a conseillé à Gand* ; ce n'était ni de la tolérance ni du libéralisme. » Resté auprès des Bourbons pendant les cent jours M. Guizot écrivit dans le *Moniteur de Gand* des lâchetés dont le passage suivant ne donnera qu'une faible idée :

WATERLOO.

« L'affaire a été sanglante et l'issue glorieuse pour les alliés...... La mémorable journée du 18 a terminé de la manière la

plus heureuse la lutte opiniâtre et sanglante qui durait depuis le 15...... L'audace de l'usurpateur, que redoublait la
crainte d'un irréparable revers, la rage fé-
roce de ses complices, tout a cédé au génie
du duc de Wellington... L'armée de Bona-
parte a été vaincue et presque entièrement
détruite ! Les Russes et les Autrichiens ont
déjà passé la frontière..... On poursuit l'en-
nemi sur tous les points.... Seize régiments
de cavalerie prussienne poursuivent l'armée
française l'épée dans les reins, et ne lui lais-
sent pas un instant de relâche (1). »

Si le cœur ne manquait pas à la poitrine
de M. Guizot, aurait-il pu écrire ces lignes
infâmes? Si le sens moral ne lui faisait pas
défaut, aurait-il osé se dire Français après
les avoir écrites?

Quoi qu'il en soit, ces lignes inexorables
resteront dans l'histoire de l'austère puri-
tain comme une tache indélébile: M. Guizot
les compléta en 1815 par ces horribles paroles : *Le roi a trop pardonné.* Il disait à
M. de Mazas : *Les Français sont de grands*

(1) *Moniteur de Gand,* 22, 58.

coupables ; il est nécessaire de les museler, et l'on n'y parviendra qu'au moyen des cours prévôtales.

En 1815, sous le règne de cette détestable Chambre dont les fureurs liberticides firent la honte de la France, M. Guizot était secrétaire général de Barbé-Marbois, ministre de la justice, organisateur des lois prévôtales. Il vit froidement les égorgements du Midi, et prépara la loi contre les cris séditieux, en disant : *L'unique morale est la crainte des peines.* Rédacteur des listes de proscription qui coûtèrent la vie à Ney, Labédoyère, Mouton-Duvernet et Travot, il y fit figurer M. Soult, qui fut depuis son collègue au ministère du 29 octobre. Son âme s'était dès l'abord desséchée aux flammes ardentes de l'ambition. Après avoir été le collaborateur de Barbé-Marbois, il fut celui de Decazes, et fit avec lui le projet de loi qui suspendait la liberté individuelle, applaudissant au duc de Feltre, qui ne voyait dans les lois prévôtales *que le moyen d'intimider les méchants.*

Cependant les formes pédantes et hautaines de M. Guizot étaient antipatiques à l'aristocratie ; les courtisans voyaient avec peine ce bourgeois protestant porté aux affaires. Ils le supportèrent cependant tant qu'il put servir leurs vengeances contre la Révolution. Mais dès que l'œuvre fut terminée au gré de leur haine, ils le forcèrent de quitter le pouvoir. M. Guizot s'en vengea par des pamphlets ; il donna à son cours d'histoire une tournure politique qui, non-seulement fit oublier aux libéraux ce qu'il avait été, mais encore le rendit l'idole de la jeunesse des écoles. Renvoyé de sa chaire, il se posa en martyr de la liberté, et donna un ton plus vif à ses attaques, sans cependant se fermer toute espérance de retour au pouvoir. Reconnaissant les deux dogmes politiques légués à la monarchie par la République, *la souveraineté du peuple et l'égalité*, M. Guizot les retourna, les décomposa, les dénatura si bien qu'il en fit les alliés naturels du gouvernement.

Nous voyons ensuite M. Guizot entrer dans des spéculations de librairie ; publier ses deux beaux volumes sur la *Révolution d'Angleterre* et ses *Essais sur l'histoire de France*. En 1828 il rentra dans l'arène politique en se faisant affilier à la Société *Aide-toi, le Ciel t'aidera.*

Élu député par le collége de Lisieux, il fit partie des 221. La révolution de Juillet le fit ministre de l'intérieur, et l'on vit alors *l'homme austère* peupler les préfectures de gens propres à déshonorer la révolution. Cependant ce premier essai de pouvoir ne fut pas long. Le ministère se retira devant la popularité de M. Lafitte, qui céda bientôt lui-même au mouvement réactionnaire qui portait Casimir Périer à la tête du conseil. Le ministère du 13 mars eut dans M. Guizot un partisan fanatique, et bientôt les conservateurs le reconnurent pour chef, en lui adjoignant toutefois MM. Thiers et Dupin.

Après la mort de Casimir Périer, ses deux lieutenants se liguèrent et formèrent le ministère du 11 octobre. Les premiers jours du gouvernement de M. Guizot furent honorables pour lui, et son passage au ministère de l'instruction publique fut illustré par la noble et belle loi du 28 juin 1833, qui donna à onze mille communes de France le bienfait de cette instruction première qui fait les bons citoyens et les hommes utiles.

Placé dans une sphère non politique, M. Guizot fut admirable. Ses instructions aux instituteurs des campagnes respirent un parfum de mansuétude patriarcale qui nous fait amèrement regretter que cet homme, qui peut avoir la douceur onctueuse de Mélanchton, lui préfère l'aigreur de Calvin et l'inflexibilité de Torquemada.

Après la victoire de Saint-Merry, M. Guizot alla aux Tuileries demander la mise en état de siége, mesure dont l'indignation publique et la Cour de cassation firent justice. Après quatre ans d'existence, le ministère fut trouvé trop compressif, même par les Chambres, qui furent si longtemps serviles. Sorti du pouvoir, M. Guizot opéra la manœuvre favorite des ministres constitutionnels; il se replaça dans l'opposition, fit à M. Molé une guerre acharnée, le traita de courtisan, et lui appliqua ces paroles fameuses : *Omnia serviliter pro dominatione.* — Vous vous trompez, Monsieur, répliqua M. Molé, Tacite ne parlait pas des courtisans, mais des ambitieux. Le 15 avril étant tombé, le roi fit appeler M. Guizot et lui dit gracieusement ; — *J'ai tout oublié.* — *Et* moi, *je n'ai rien oublié*, répliqua sèchement M. Guizot. Cependant il consentit à être ambassadeur de France en Angleterre sous le ministère de M. Thiers. Fût-ce incapacité ou trahison ?... Le traité du 15 juillet se signa à Londres, pendant que M. Thiers s'endormait à Paris dans la sécurité que M. Guizot ne cessait de lui inspirer. M. Thiers, n'osant pas faire acte de virilité, fut chassé du pouvoir comme un valet ; M. Guizot ne tarda pas à prendre sa place ; car, si l'ambassadeur avait trompé le ministre dont il était le subordonné, il n'avait rien caché à Louis-Philippe. L'immense impopularité qui s'était attachée au nom de M. Guizot n'avait fait que s'accroître par cette rentrée qu'il venait de faire au pouvoir par une porte basse.

Cet homme ne semblait être nommé ministre que pour subir la nouvelle honte qui était imposée à la France ; aussi, dès les premiers jours, afficha-t-on sur la porte de l'hôtel des Capucines ces vers satiriques :

Guizot est adoré de Peel et ses confrères ;
Mais l'estimer en France aurait quelque danger,

Car aux affaires étrangères,
Il fait celles de l'étranger.

Dès les premiers jours, M. Guizot prit à tâche de braver l'opinion publique. Il répondit aux fanfaronnades des ministres anglais par ces mots que d'autres circonstances auraient pu rendre sages, mais qui furent alors une impudente lâcheté : —*La paix partout et toujours !...*

M. Berryer, dans ses beaux jours, lui reprocha le *cynisme de l'apostasie.* M. Guizot resta calme et froid. Voulant un jour rassurer les centres, il s'écria : *J'ai envoyé à Lyon des ordres impitoyables ;* et il ajoutait : *Il faut être impopulaire ;* détestable maxime qui ne dénonce pas la force d'âme de l'homme d'État, mais son incurable orgueil. Le *Journal des Débats* lui-même eut honte un jour de son héros, et lui dit : — *Vous pourrez encore avoir notre appui, vous n'aurez jamais notre estime.* Mais les billets de la caisse Gérin ont fait depuis changer d'opinion à l'honnête feuille.

Pendant sept ans M. Guizot lutta contre l'opinion avec un talent digne d'une meilleure cause; cet homme vouait au mal des forces qui eussent peut-être fait la gloire du pays. Froissant continuellement la France, il fut agressif et plein de morgue et de fiel toutes les fois qu'il eut à défendre ses basses œuvres, la question d'Orient, le recensement, le droit de visite, le désaveu de Dupetit-Thouars, l'indemnité Pritchard. Il avait vendu notre honneur et il était resté debout; son ministère avait surpassé les corruptions de Walpole, et il était resté debout; son cabinet avait été le rendez-vous choisi pour les plus honteux marchés, et il était resté debout; — une question inférieure devait seule le renverser. Il est vrai qu'alors le peuple, las des criailleries des avocats, parut à son tour sur la place publique et y dicta ses volontés souveraines.

La révolution, commencée au cri de *vive la Réforme, à bas Guizot*, se termina le 24 février au cri de *vive la République*, parce que le 23 la royauté avait manqué de franchise; parce que la France était lasse de se voir gouverner par un rhéteur sans âme, par un homme qui s'était menti à lui-même, qui, dans un intérêt électoral, s'était écrié :

« Toutes les politiques vous promettront le
« progrès, la politique conservatrice seule
« vous le donnera ; » et qui, mis en demeure
de tenir ses promesses, avait voulu se poser
comme une borne entre le progrès et la
France. Ce manque de parole fait à lui seul
crouler la réputation de M. Guizot comme
homme d'État, car il devait prévoir que du
jour où il voudrait rendre la France sta-
tionnaire, il aurait contre lui les forces vives
du pays, c'est-à-dire les hommes qui veulent la liberté parce qu'ils ne veulent plus de
révolutions, et les hommes qui veulent de
nouvelles révolutions pour avoir l'orgie de
la liberté. C'est pour ne pas avoir compris
cela que M. Guizot est tombé. C'est pour ne
pas le savoir ou le comprendre que d'autres
ministres tomberont encore, entraînant d'autres pouvoirs dans leur chute.

Comédien politique, M. Guizot n'est jamais naturel ; c'est un acteur qui reste toujours en scène. On le croit dédaigneux des
éloges et des injures, et jamais homme peut-
être n'a payé un plus lourd impôt aux bio-
graphes. L'aspect de M. Guizot n'a rien de
grand ni de majestueux ; c'est un petit

homme maigre, ayant le teint jaunâtre, les traits fiers et durs, le regard inquiet et le geste moins noble que brusque et saccadé. Sa taille courbée, son regard et sa voix trahissent un homme que sa conscience tourmente peut-être ; il compose son maintien et depuis sa jeunesse tourmente sa figure pour la rendre grave et pensive ; mais s'il pense, c'est à sa fortune politique ; s'il est fatigué, c'est d'intrigue ; avec toutes les apparences de l'austérité et de l'énergie, M. Guizot a été pour conserver le pouvoir d'une indicible faiblesse. Esprit éminent, mais emporté par ses passions et l'âcreté de son humeur, il se faisait admirer à la tribune, mais il ne sut jamais s'y faire aimer, et si sa parole passionnait quelquefois, c'était contre lui-même. M. Guizot sentait bien que la lutte qu'il soutenait était un défi audacieux jeté à tous les sentiments naturels de l'homme. Mais habitué dès ses premières années à vivre dans le faux, il avait cru qu'en prenant une route opposée à celle qui conduit à la popularité il serait un grand ministre. M. Guizot prouvait par là combien peu il connaissait son époque. Gouverner aujourd'hui les peuples par la crainte, c'est retourner en arrière de trois siècles, ce n'est pas être le paratonnerre de la société, c'est être l'aimant qui attire la foudre.

Après onze mois de réflexion et de silence, M. Guizot a-t-il changé son point de vue? Ceux qui ont lu son livre *de la Démocratie française* ne peuvent le penser; certes la publication de cet ouvrage est une grande victoire que M. Guizot a remportée sur lui-même. Il n'est plus blessant et agressif, et quand il déchire, il le fait avec tant de béatitude qu'on est presque tenté de le remercier de sa douceur.

Avouons d'abord que la partie critique de l'ouvrage renferme bien souvent des aperçus pleins de vérité; M. Guizot voit une partie du mal, mais il se trompe quand il indique sa source. Selon lui, c'est *l'idolâtrie de la démocratie.* Selon nous, la cause du mal qui nous dévore, c'est l'opposition systématique faite au principe démocratique; opposition qui a tellement comprimé l'idée pendant dix-huit ans qu'elle lui a fait briser le vase.

M. Guizot affecte une forme élevée à

l'aide de laquelle il échappe aux difficultés du détail. Il a fait un livre dont on parle, mais qui ne parle pas lui-même. L'oracle est vide, mais sonore; aussi chacun l'explique-t-il à sa manière. M. Guizot a raison contre les partis extrêmes, par cela même que la France entière avait naguère raison contre lui. Mais en fait, il y a dans cet ouvrage plus d'habileté que de franchise. Et nous dirons à ceux que sa forme séduit : Souvenez-vous du discours de Lisieux ; souvenez-vous des discours prononcés par M. Guizot lors de la coalition. Si l'on a pu croire à sa sincérité dans l'improvisation, combien lui sera-t-il plus facile encore de nous tromper quand il aura pour lui le silence du cabinet et le temps qui s'écoule entre l'enfantement de l'œuvre et sa publication. Lisez plutôt ce jugement porté par M. Thiers en 1840 :

« A sa véhémence, à son accent con-
« vaincu, à ses invectives, on le crut du
« moins sincère. Il n'en était rien; c'était
« seulement un rôle tragique habilement
« joué à la tribune. Depuis lors nous avons
« vu cet habile acteur jouer avec la même
« chaleur et le même accent de conviction

« un rôle absolument contraire. Il y a des
« gens qui lui avaient retiré leur estime, à
« cause d'un premier changement d'opinion,
« et qui la lui ont rendue pour une seconde
« palinodie ! »

Bonnes gens qui, sur la foi de la modération de l'écrivain, croiriez à la modération
de l'homme d'Etat, lisez encore ce beau livre
de M. Guizot publié en 1822, et blâmant le
pouvoir qui faisait entrer la justice dans la
politique ; puis ouvrez *le Moniteur*, et pendant tout le temps du règne de M. Guizot
vous verrez la justice mêlée à la politique et
laissant dans cette ardente arène sa considé-
ration et son impartialité, sans laquelle la
justice n'est plus que l'usurpation de la force
sur la faiblesse et le droit opprimé.

M. Guizot s'est dans le fond très peu em-
barrassé de la *Démocratie* ; c'est le chaos,
dit-il. Mais a-t-il débrouillé ce chaos pour
en faire sortir le monde nouveau qu'il con-
tient ? Non ; M. Guizot est trop habile pour
cela. Car sa Démocratie à lui, nous la con-
naissons ; et comme le *communisme*, elle
s'appelle *politique des intérêts*. — « Vous
« sentez-vous corrompus, disait naguère

« M. Guizot, aux électeurs de Lisieux, en-
« richissez-vous, et laissez dire. » La *Démocratie* de M. Guizot, c'est l'argentocratie,
le règne de celui qui possède à la condition
de comprimer celui qui ne possède pas. Tous
les droits concédés à ceux qui ont le moins
de devoirs, tous les devoirs imposés à ceux
qui n'ont aucun droit. Le pouvoir faible,
mais violent, pour avoir les apparences de
la force, le mensonge remplaçant à la tête
de nos lois les vérités éternelles de la Démocratie.

Le règne de la République n'a pas été
exempt de fautes et d'erreurs, l'invasion de
la liberté a été trop prompte, elle est venue
nous surprendre et nous enivrer. Mais par
cela, que le vin enivre celui qui ne connaît
pas sa force, s'en suit-il que cette liqueur
doive être condamnée? Non, certainement.
Eh bien! il en est de même de la *Démocratie*, parce qu'en France on a fait jusqu'à
ce jour le contraire de ce qu'il fallait. —
Le lendemain d'une révolution, quand tout
bouillonne encore, tout est permis, parce
que le pouvoir est faible; dès qu'il se fortifie,
il attaque la liberté. C'est au contraire sous

un pouvoir fort que la liberté peut s'exercer sans crainte et sans danger pour le pays. Les pouvoirs qui voudront vivre devront avant tout s'allier à la Démocratie, détruire la routine et marcher hardiment dans une nouvelle voie. Le salut de la France est à ce prix.

Ce n'est pas le système des emprunts qui relèvera nos finances. Ce n'est pas en écoutant les banquiers que l'on évitera la banqueroute. Quand l'État emprunte, quel est son gage ? — L'impôt, eh bien ! qu'il mobilise l'impôt, qu'il fasse des billets à intérêts ayant cours forcé comme les billets de banque, il se prêtera ainsi à lui-même, pourra opérer d'utiles économies, et cessera d'augmenter la dette flottante. Voilà ce que la vraie Démocratie conseille à l'État, voilà ce qui déplaît à la *Démocratie* de M. Guizot, voilà ce que les marchands d'argent redoutent le plus, et ce qu'ils empêcheront par tous les moyens possibles, dussent-ils arriver à la ruine du pays. Que leur importe ! l'argent n'a pas de patrie, et les corbeaux trouvent bien à vivre sur les cadavres.

M. Guizot s'inquiétait bien peu de cela ;

aussi s'est-il bien gardé de définir la Démocratie et de poser une conclusion, cela lui était impossible ; et il s'est contenté d'écrire tout simplement le catéchisme de la réaction, le trait d'union qui sert à lier les divers partis hostiles à la liberté.

La Démocratie n'est un danger que pour les pouvoirs égoïstes anti-populaires et anti-nationaux. C'est un sentiment généreux et grandiose qui veut affranchir l'homme de l'esclavage de la misère qui continue et maintient toutes les servitudes. La Démocratie, c'est la croyance sainte que tous les hommes peuvent arriver par des progrès successifs à l'amélioration de leur sort et au soulagement de toutes les souffrances. Est-ce là, M. Guizot, la Démocratie que vous avez voulu faire connaître ? Non ; vous avez attaqué la Démocratie dans le système de M. Proudhon, et la victoire vous a été facile ; car la société, telle que l'entend cet utopiste, n'est qu'un triste retour à la barbarie, ou, si l'on aime mieux, à une société primitive ; c'est Jason que l'on tue pour le faire rajeunir, et qui ne sort plus de la tombe.

Le *socialisme* de certains *socialistes* n'est

qu'un dissolvent. Il serait mort demain et l'État sortait de son apathie, et se faisait à son tour socialiste-pratique. Mais l'État se borne à prendre, demander, recevoir et punir. Il pourrait être le tuteur du peuple, il préfère en être l'inexorable créancier.

Le livre de M. Guizot n'est ni un pamphlet ni un ouvrage sérieux; c'est un drapeau destiné à rallier les royalistes des deux branches; — c'est un trait d'union hardi entre les préjugés gothiques de 89 et la bourgeoisie constitutionnelle et agioteuse de 1846 et 47. Lafayette n'a pu parvenir à faire une royauté républicaine, M. Guizot veut fonder avec ses complices une république royaliste. Courbée un instant par la peur, la réaction s'est relevée ayant trouvé pour premier appui la clémence du Gouvernement provisoire. Ce monde officiel qui dans quelques mois avait offert à la France le spectacle de tous les crimes: — l'assassinat Praslin, — la concussion Teste et Cubières, — le vol au jeu Gudin; ce monde officiel qui, renversé dans un jour d'orage, n'avait pas eu le temps d'effacer la trace honteuse de toutes ses turpitudes, ces hommes que le Gouvernement provisoire pouvait et devait punir, ils se sont relevés comme des serpents et ont sifflé la calomnie contre ceux qui, pour les flétrir et les perdre à jamais, n'avaient qu'à les jeter à la justice des tribunaux.

Leur journal favori, *L'Assemblée nationale*, a commencé l'œuvre infâme en calomniant Ledru-Rollin; puis est venu Lamartine, puis Cavaignac.

Aujourd'hui le tour de l'Assemblée nationale elle-même semble être venu, la réaction veut qu'elle se retire avant de faire les lois organiques pour qu'une Chambre royaliste accole à la constitution des lois despotiques destinées à en dénaturer le sens.

Les outils de messieurs les royalistes sont aujourd'hui MM. Thiers et Odilon Barrot; mais ce sont des instruments provisoires qui ne tarderont pas à être brisés comme l'Assemblée nationale.

Il faut aux partisans du despotisme un homme anti-populaire. Qu'importe que le nom de cet homme sonne le glas de la guerre civile! les modérés ne se corrigeront jamais aux leçons de l'histoire. Ils seraient devenus peut-être terroristes pour sauver leurs têtes ; l'heure de la peur est passée, ils le croient du moins, et ils se jettent en furieux dans les bras de M. Guizot.

Que Dieu sauve l'honneur et la liberté de la France !

PORTRAITS DE M. GUIZOT

PAR DIVERS ÉCRIVAINS.

PREMIER PORTRAIT (1).

« Quel abîme de rage et de bassesse que
« le cœur d'un écrivain sans talent, mais dé-
« voré d'ambition, gonflé d'amour-propre
« et rongé d'envie ! Il n'y a pas de calom-
« nie atroce, il n'y a pas de fable absurde
« qu'il n'invente ou qu'il n'adopte pour ex-
« pliquer ce qui paraît inexplicable à lui

(1) Nous n'avons pas besoin de dire que nous ne citons ce portrait que comme pièce curieuse. Nous espérons voir dans quelques années le *Journal des Débats* donner son appui à M. Proudhon, si M. Proudhon, devenu ministre, consent à l'acheter.

« seul, le succès de ses heureux rivaux et la
« chute de ses propres ouvrages.

« Cette fureur jalouse des mauvais écri-
« vains, ridicule dans les simples littéra-
« teurs, prend le caractère d'un mal public
« très-grave lorsque le hasard a fait du mau-
« vais écrivain un *soi-disant homme d'État*.
« Sa double incapacité comme fonctionnaire
« et comme écrivain devient une source in-
« tarissable de dégoûts, de chagrins, de
« regrets, et par contre-coup *de colère et
« de haine*. Plus il a besoin de montrer
« quelque supériorité personnelle pour sou-
« tenir sa nouvelle dignité, plus il enrage
« de voir *le dédain et l'indifférence du public
« faire justice* de sa médiocrité ; plus il
« médite des vengeances contre les talents
« qui l'éclipsent. Enfin les parasites et les
« flatteurs de toute espèce ayant exalté à la
« fois son orgueil politique et son orgueil
« littéraire, le dernier rayon de raison, la
« dernière lueur d'honnêteté, disparaissent,
« et le Satan de Milton nous apparaît en
« entier sous la figure d'un barbouilleur de
« papier devenu conseiller d'État...... Cet
« homme, c'est M. Guizot. »

(*Journal des Débats*, 8 décembre 1819.)

DEUXIÈME PORTRAIT.

« Parodie de l'âme de Richelieu dans un

« corps travesti de Calvin. — Rhéteur par-
« venu qui se venge, avec la morgue d'un
« huguenot, d'avoir été obligé de conquérir
« sa fortune politique à plat ventre. — Idéo-
« logue capable de mettre le feu aux quatre
« coins du monde pour sauver les fruits de
« son ambition. — Le plus vaste et le plus
« méprisable orgueil de ce siècle. »

(Le Rivarol de 1842.)

TROISIÈME PORTRAIT.

« Cet homme a un orgueil souverain,
« instrument naturel des belles et grandes
« choses, et dont il se sert pour en com-
« mettre de petites et de basses. — Voilà
« son crime. »

« Il aime le pouvoir, non pour se grandir
« dessus, mais pour le resserrer dans la
« main de son égoïsme. — Voilà sa folie. »

« Son génie, son cœur et jusqu'à sa fi-
« gure, tout en lui est protestant, huguenot.
« — Voilà sa faiblesse. »

« . . . . C'est un blafard et despotique
« idéologue chez qui la bile dépasse le sang,
« et qui n'a que des pensées sans feu, des
« indignations sans colère, des amours sans
« enthousiasme, des appétits de puissance
« sans poésie . . . .

« S'il parle il reste flegmatique, et son es-
« prit se tord les mains. Quand il n'est pas

« ministre, son ambition ne lui donne pas
« de repos et le traîne à genoux dans la
« longue voie des mensonges, des félonies,
« des servitudes.

« Quand il tient le pouvoir, il se redresse
« et méprise tout, même la popularité.

« Pour lui rendre justice, on doit l'admi-
« rer quelquefois ; l'aimer, jamais ; le mé-
« priser, toujours. »

(Le Proculte parlementaire,)

QUATRIÈME PORTRAIT.

« Lord Guizot est orgueilleux comme
« l'ange déchu de Milton, vindicatif comme
« Richelieu, rampant comme Wolsey, délié
« comme Dubois ; il ne se donne pas la
« peine de cacher la haine qu'il ressent
« contre le peuple et la révolution ; il
« montre partout un esprit inflexible, une
« morgue aristocratique et un orgueil in-
« soutenable ; ses manières sont glaciales,
« et sa colère tient à la fois du tigre et du
« serpent. »

« . . . . A-t-il encore quelque chose
« à trahir ?... Si Dieu revenait sur la terre,
« il y retrouverait un Judas plus vil encore
« que celui qui vendit le Christ trente pièces
« d'argent, car celui-ci ne chercherait pas
« dans la tombe un refuge contre le re-
« mords. »

(Histoire de lord Guizot.)

CINQUIÈME PORTRAIT.

La France se souvient qu'à l'heure du danger
Guizot suivit les lys au camp de l'étranger,
Et depuis lors ce nom pour nous est un outrage ;
Ce nom, comme un stigmate a sali cette page ;
Ce nom ira peut-être à la postérité,
La honte doit avoir son immortalité!...

G. DAIRNVÆLL, (*Satires*).

Tous les écrivains ont tour à tour stigmatisé l'homme à qui les *modérés* veulent encore confier le pouvoir. Son impopularité ne date pas d'un fait et d'un moment ; elle date du 20 mars 1814, elle est dans toutes les douleurs et dans tous les maux de la France, elle est dans toutes les hontes qu'elle a subies depuis que les chevaux des Cosaques se sont désaltérés dans la Seine.

Il est cependant aujourd'hui un homme qui va plus loin que M. Guizot, et cet homme c'est M. Thiers, le *dernier ministre* de *Louis-Philippe !*

M. Thiers, qui, élevé dans un collège par la charité de l'État, —s'écrie que l'État n'est pas assez riche pour donner l'instruction à tous, que du reste l'instruction est un danger, parce que avec elle on peut arriver à tout et qu'il ne faut pas ainsi allumer l'ambition des hommes. — L'ignorance ou la guerre, voilà ce qui doit sauver la France, d'après M. Thiers.

Ainsi la loi sur l'instruction primaire, ce seul bienfait que nous devons à M. Guizot, nous serait arrachée par M. Thiers s'il arrivait au pouvoir. Nous comprenons qu'en présence du vote de 10 décembre, les royalistes applaudissent à l'ignorance qui leur a livré les millions de voix des campagnes, mais nous leur croyons assez de pudeur pour ne pas l'avouer.

Du reste, rien ne nous étonne plus depuis le jour où l'on a rendu un arrêt de non-lieu en faveur des ministres de Louis-Philippe tombés dans le sang.

S'ils sont innocents !... Louis-Philippe ne peut être coupable. Rappelez-le donc, rendez-lui donc sa couronne, et reprenons les choses où elles en étaient au 22 février ?

S'ils sont innocents !... les combattants de Février sont coupables. Ressuscitez donc la cour des Pairs pour les juger !

S'ils sont innocents !... M. Odilon Barrot est coupable. Mettez-le donc en accusation !

S'ils sont innocents !... de quel droit le même Odilon Barrot a-t-il déposé, le 23 février, sur le bureau du président de la Chambre des députés, une proposition de mise en accusation contre les ministres ? Et de quel droit fait-il fermer les clubs ? lui qui s'était fait le défenseur du droit de réunion. De quel droit encore veut-il faire passer une loi contre les clubs, c'est-à-dire contre le droit de réunion, écrit formellement dans la Constitution !

M. Odilon Barrot a-t-il deux consciences, celle du tribun factieux et celle du ministre réactionnaire ? Ne sait-il pas que quand le pouvoir viole *légalement* la Constitution, il apprend au peuple à la violer à son tour ?

M. Odilon prépare le chemin à M. Guizot et à Henri V, mais avant tout qu'il y prenne garde. Si le président de la République laisse faire, la République saura se défendre, et les républicains ne se laisseront plus tromper.

Malheur à qui le premier violera la Constitution ! malheur à qui voudra se faire le défenseur et le restaurateur d'une monarchie ! La France ne veut pas plus des Bourbons que des d'Orléans ; la République lui a donné des libertés et des droits nouveaux, elle saura les conserver.

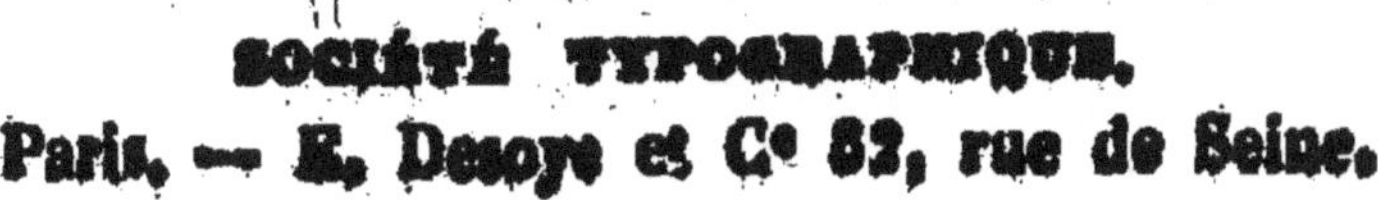

SOCIÉTÉ TYPOGRAPHIQUE.

Paris, — E. Desoye et Cⁱᵉ 82, rue de Seine.

www.ingramcontent.com/pod-product-compliance
Lightning Source LLC
Chambersburg PA
CBHW061730060726
47597CB00006B/2662